사랑도 눈물 없는 사랑이
어디 있는가

사랑도 눈물 없는 사랑이 어디 있는가

천홍규 시집

바른북스

| 시인의 말

우리 둘의

맞지 않는

구석 때문에

싸우고

아파해서

그렇게

화해 없는

관계가

되어버린

너에게

미안함

뿐이다

2024년 12월
천홍규

목차

시인의 말

1부 - 有

| 오후 ········· 014
| 내가 사랑하는 방식 ········· 016
| 눈물 1 ········· 019
| 눈물 2 ········· 020
| 눈물 3 ········· 021
| 여백 ········· 023
| 나와 꽃 ········· 024
| 121분 ········· 026
| 이별 ········· 028
| 미련 ········· 030
| 사진 한 장 ········· 031
| 그것 ········· 032
| 곁 ········· 033

2부 - 無 1

| 기억 1 ············· 040
| 기억 2 ············· 041
| 기억 3 ············· 042
| 기억 4 ············· 043
| 꿈 1 ··············· 044
| 꿈 2 ··············· 045
| 꿈 3 ··············· 046
| 꿈 4 ··············· 047
| 꿈 5 ··············· 048
| 삶 1 ··············· 049
| 삶 2 ··············· 050
| 삶 3 ··············· 051
| 삶 4 ··············· 053
| 너무 ··············· 054
| 가늠할 수 없는 슬픔 ············· 056
| 버스 안에서 ············· 059
| 2024年 9月 15日 1 ············· 063
| 2024年 9月 15日 2 ············· 064

3부 - 無 2

| 밤에 혼자 걷고 울진 않아요 ········· 068
| 다시는 ········· 070
| 나의 수명이 언제까지인지 모른 채 죽기 전까지
  너를 더 이상 듣지도 보지도 못하는
  인생을 마무리하는 것이
  이른 죽음보다 더 사랑할 수 없다 ········· 073
| 사진기가 있지만 사진을 찍지 않는 사람입니다 ···· 074
| 신의 외면 ········· 076
| 운명이라 읽고 회피라고 부른다 ········· 079
| 달빛 스위치 ········· 081
| 능소화 ········· 084
| 없다 그리고 ········· 085
| 술 ········· 087
| 장마 ········· 090
| 해오라비난초 ········· 091
| 낙상자 ········· 092
| 첫눈 ········· 094
| 편지 ········· 097
| 美 ········· 098
| 고배 ········· 100
| 비가 오면 문득 ········· 102

4부 - 外

| 안녕히 - 김영선의 시 ········· 106
| 무정하기까지 - 김영선의 시 ········· 107
| 엄마의 시 ········· 108

해설

혈육과의 사별은 어디나
추억의 공간이 되고 - 이향우

서로에게 추억이 돼준 하나뿐인 동생에게
이 시집을 바칩니다.

1부

有

오후

창문 아래로 내려오는
피아노 건반 소리

그림자가 벽을 걷고 있다

얼마 전 생년월일이 같은 나뭇잎들이
태어났다

전신주에 세워진 자전거 밑에
곤히 잠든 한 마리가 있다

고요

한적

지나가는 이 없음

지금

오후 4시

그림자는 벽을 걷다 길 위에 눕고
바람에 꽃은 펄럭이고

내가 사랑하는 방식

사랑은 서로를 찾으려고 뒷걸음질 친다
저것은 새인 줄 알았다 알고 보니 비닐봉지

맞다

보이지 않는 저 바람은 차가울까 조용할까
펄럭이는 강아지풀과 코스모스
알고 보니 살고 싶어 다리에 힘을 주고 있지는 않을까

눈을 감자

보이지 않는 선홍색의 눈꺼풀
사근사근 들리는 소리가 있다

얼핏 들린다
저들의 사랑 소리
부끄러워 손으로 눈을 가리고 살며시 눈을 뜬다

보인다

내가 사랑할 방식
방식, 짝사랑
수줍은 외톨이
결국, 안녕

저들이 펄럭이는 같은 방향의 춤선
바람과 식물들의 교감

어째 이렇게 아름다울 수가

맞다

들리는 소리가 있다
그것은 내가 교감하는 방식
짝사랑, 아닌 사랑

결국, 나도 사랑하고 있는
육체의 해소만이
마음의 갈증만이

아닌, 청각과 촉각만으로도 할 수 있는 사랑

들리나요?
느껴지나요?

눈물 1

엄마가 나왔다
목소리는 없고
미소만 가득하다

자식 두고 떠난 엄마
서로가 그리웠나 보다

눈물 2

다가왔다
멀어지는
파도

그런 파도 앞에
앉아 있는

너

멀리서
지켜보다
끝내
돌아선다

우린 언제부터였을까

작은 바람에도 격하게 흔들리는 꽃이 된 게

눈물 3

어느 날
당신은 나에게
다가와 물었다

헤어질 수 없겠냐고

그런 당신을
물끄러미 쳐다보았다

아무 말 없이
뒤돌아 가는 당신을
붙잡지 않았다

잠시
머물렀다 떠나는
사랑이
익숙해서 그런 건 아니었다

비워진 사랑에서

도망치고 붙잡고 울고불고하고 싶지 않아서다

그러다가
그날 저녁

헤어지자던
남자에게 전화가 왔다

오전에 나에게 말했던 말
잊어달라는 애걸이었다

그의 말들을
가만히 듣고 있다가

어느 순간
느슨해져 버린 마음이

옹색하게 사랑하는 내가
미련해 보이는 순간이다

여백

단 하나의 지문도 없다

나비의 더듬이도 없다
그렇다고 개미의 더듬이도 있는 것이 아니다

나는 어디서 태어났을까
나는 어디서 온 것일까

걸어도 세계는 희고 희미하고 희박한 희망
걸어도 집도 없고 목적도 없는 빛 한 점 없는 공간

아프지도 않고 사계절도 없는
바람도 불지 않고 이상하게 공기도 없다

나는 무엇인가
여긴 어디인가

눈이 감겨 있다

나와 꽃

혼자서 흔들리는
그런 꽃이 있다

그 꽃이
아프지는 않을까
슬프지는 않을까

그러나
내가 꽃이 아니기에
꽃의 입장을 모르는 일

하지만
꽃은 꽃만이 아는 법은 아니다

꽃이 나를
나를 꽃이

위태가 위로를
위로가 공생을

저 흔들리는 꽃이
내가 흔들리고 있진 않은지

꽃이 나고
내가 꽃이고

손가락 하나로
꽃을 지탱한다

더 이상 흔들리지 않는 꽃의 모습이
고단한 나에게 숨을 틔워 주는 순간

우린 아마
그런 작은 하나가 필요했겠지

121분

떨리는 새끼손가락

불규칙한 호흡

마른 입술

너는

앞을 보고 있고

나는

앞을 보다 옆을 보고

그날

너와

보았던 영화는

서로

다른 기억을 가지고 있다

이별

사진

한 장 속

나

그리고

너

같이

울고

웃던

그러나

안녕

구름이

지나간다

너도

구름처럼

스쳐 간다

미련

희미하게 맴돌고 있는 기억이 있다
돌아보게 되는 기억을 헤집어 봐도 몰랐던
내가 이제야 사랑이란 것을 알았다

엇갈린 사랑 속에
남겨진 나의 깊은 미련들

차가운 이슬이 다른 이슬과
맺히지 못하고 떨어지는 것처럼

유독
그리운 사랑은
멀어질 때 찾아오는
아무도 모를 초조한 슬픔과 같다

사진 한 장

손을 잡고 날아가는 새가 있다
길가에 핀 꽃들은 춤을 추었고
담벼락에 그려진 어린아이가 웃고 있다
가로등은 불이 꺼졌고
대신 달이 구름 앞에 있어 선명하다
소나무잎이 유독 봄색이다
살랑이는 잎들이 봄을 머금으며
빛을 발휘하는 발광석처럼
지나가다 멈춰 선 얼룩 고양이가 있다
몇 발짝 앞에 시골 정류소가 있고
어느새 저만치 있던 구름이 나를 지나가고 있는데

사진 한 장에 너만 없는 그런 허무함은
무엇으로 채우나

그것

 잊는다는 것은 무엇일까 누군가에겐 잊는다는 것은 시간 속에 갇힌 새라고 했다 또 누군가는 정지된 심장이 잊는다는 것이라고 했다 며칠 전 고향으로 내려가 엄마에게 물었다 엄마 엄마는 잊고 싶을 때 어떻게 해? 엄마는 스스로를 울렸다고 했다 잊는다는 것은 무엇일까 저 작은 태양은 내 눈보다 작고 동공보다 크다 태양에게 기억이 있다면 우리 태양계가 눈물로 가득 찼을 것이다 누군가에게 물었다 당신은 어떻게 잊나요? 저는 죽습니다 죽다 보니 잊고 살아집니다 사라질까 없어질까 아니면 죽을까 울까 절단할까 아플까 아니다 이건 어떨까 받아들이는 것 잊는다는 것은 무엇일까 기억이 주는 상처를 잊는 것은 받아들여야만 아무는 건가 어제는 길모퉁이에 주저앉아 울었다 바람은 불지 않고 덮어줄 잎들이 나를 지나서 떨어졌다 가장 잊고 싶은 것이 가장 잊히지 않을 때가 있다 그래서 잊을 것을 두고 나를 잊기 시작했다 나를 지배한 그것은 내가 되었고 그것에서 빠져나온 나는 잊는 것을 잊은 죽은 화분이 되어 있었다

곁

1.
텅 빈
보금자리
사라진
곁

아물지 않는

2.
차가웠다
냉랭하고 싸늘한

언제부턴가
우려했던 일이라고

돌아간다
내가 있던 곳으로

3.
믿지 않았다

그 말

"영원히 옆에 있어줄게"

4.
굴삭기가 호수에 빠졌다
갈구하는 손이

어제 눈물을 닦던
나의 손과 같았다

5.
희망, 행복, 기쁨, 아늑, 안락, 안정, 편안, 듬직, 마음, 기댐, 웃음, 단 하나, 약속, 진실, 진심, 믿음, 신뢰, 눈 맞춤, 심장, 곁, 자리, 밀착, 가까운, 마침표

이 모든 게

한순간에 사라진다면

아마

내일은 없겠지

6.
숨소리가 들린다

내가 찾는

지금이 가장 최적의 순간

7.
시간이 멈추었으면 좋겠다고 한다

이대로

"그럼 우린 어떻게 되는 거야"

그 상태로
우리만의 상태가 되겠지

8.
유일한 나만이

허락된 장소

2부

無 1

기억 1

어떤 기억들은
시간이 지나도
훼손되지 않는다

고통도
마찬가지다

기억 2

우리 둘만 가지고 있던 기억을
이제 나만 가지게 된다면

그 기억은
추억이 된다

시간이 지나
내가 그 기억을 잊게 된다면

그 일들이
원래 없었던 일처럼

사라질까
무섭다

기억 3

같이 찍었던
사진이 없다

너를 잊지 않는 방법이
사진뿐인데

기억 4

서로 다른 곳을
찍을 때

한 번씩
서로를 몰래 찍어주던 기억이 있다

알면서도 모른 척
긴장하며 자세를 잡을 때가

우리가 제일 이쁜 순간이더라

꿈 1

우리가 이렇게
만날 거라고

조금이라도 예상했을까

꿈 2

꿈에 네가
나왔다

지금은 아니야
그러니깐

이게 맞아?

꿈 3

꿈에서 고양이를 찾던 너의 모습을
가만히 서서 보던 기억이 있다

그날 새벽잠에서 깨다
너의 일기장이 놓인 곳을 뜬눈으로 봤다

고양이가 일기장 주변에서
냄새를 연신 맡는 모습을 보고

아
너, 나, 고양이는
서로가 알아줄 수 없는 그리움을 그리워하고 있구나

꿈 4

잘 살고 있냐는 말에
잘 살고 있다는 말이

위안보다
다행보다

분노였다

꿈 5

자기 전에
너의 목소리가 담긴 영상을 본다

혹여 꿈에서
나를 부르는데 내가 알아차리지 못할까 봐

삶 1

다리미로 펴지 않은
구름이 뭉실하다

테두리 위로 눈만 빼꼼 내밀
영혼들이 왠지 나를 내려다보는 거 같다

삶 2

맞은편에 기차가
서행하며 정차할 때

창문에서
손을 흔들며

반기는
사람들이 있다

나에게도 나를
반기는 사람이 있다면

아마 기차를
붙잡고 있지 않을까

삶 3

지상철을 타고
밖을 내다보는 일은

사랑을 시작하는 것만큼
설레는 일이다

방금
밖에서

두 쌍의
나비가

사랑을 노래하며
날아갔다

그
모습에

마음 구석 어느 한편

쌓였던 먼지가

간들거리며
날아간 순간

삶 4

세상이 삐그덕삐그덕 굴러간다

너무 완벽하지 않아서 행복하다

너무

우린
혼자가 되었다

괜찮아
곧 만날 거야

잠시
볼 수 없는 것뿐인데

너무
그리워도

너무
보고 싶어도

서로 너무
찾지 말자

너를 만났을 때

해줘야 할 말이 많았으면 좋겠어

너 없는 삶이
눈물로만 이루어진 게 아니었다고

가늠할 수 없는 슬픔

네가 우리 곁에 없다는 슬픔보다

수화기 너머로 안 괜찮다며

흐느끼는 엄마가 더 슬프게 느껴진다

그 울음에는

미안함

그리움

포옹

눈 맞춤

대화

절망

세상을 향한 분노

이해되지 않는 현실

믿기지 않는 충격

어쩔 수 없는

깨진 마음

상처

맞잡고 싶은 손

잃은

추억이 된

꿈

평생

앞으로

더 이상

해결되지 않는

불가능이

묻어 있다

그렇다

엄마는

또 한 번

너를 보내지 못하고

버스 안에서

1. 이어폰
약간 죽은 사람이면 좋겠다
주변 소음이 안 들릴 때

지금이야!

완전히 죽은 네가
몰래 말할 차례

*

2. 손잡이
코에겐 공기가
손가락에겐 인대가
기억에겐 뇌가
지구에겐 달이
시인에겐 눈이
나방에겐 가로등 불빛이
관성에겐 손잡이가

겨울에겐 동면이
a에겐 b가
나에겐 네가

우리는 이어져 있다고 믿는
가장 이상적인 관계다

*

3. 뒷좌석
누구인지 모르는 사람이
버스를 탈 때

혹시 너니?
이제 너야?

네가 아닌 걸 알면서도 고개를 돌리다
다시 창밖으로 돌리는 일을

혹시 너는 아니?

*

4. 창밖
노을이 진다
분주한 사람들
옆에 앉은 할머니가
벨을 누른다

(기사님 아직 할머니 안 내렸어요 문 열어 주세요)

내리지 못한 할머니
다음 정거장에서 내리신다

창밖에 계신
할머니와 눈이 마주쳤다

괜찮아요 할머니

제가 벨을 누르고 내리지 않을게요

라며 생각하곤
몇 정거장 뒤 벨을 눌러 내린다

*

5. 고속버스
불이 꺼진 새장 안에
피지 못한 꽃이 눈을 깜빡이고 있다

2024年 9月 15日 1

딱 몇 분만이라도
돌아가고 싶은 날

2024年 9月 15日 2

나를 앞장서 걷는
너를 뒤에서 본다

너는 이 꽃이 이뻐서 사진을 찍고
너는 이 벽이 이뻐서 사진을 찍고
너는 이 숲이 이뻐서 사진을 찍고
너는 이 물이 이뻐서 사진을 찍고
너는 이 돌이 이뻐서 사진을 찍고
너는 이 순간이 이뻐서 사진을 찍고
너는 이 건물이 이뻐서 사진을 찍고
너는 이 글자가 이뻐서 사진을 찍고
너는 이 사람이 이뻐서 사진을 찍고
너는 이 구름이 이뻐서 사진을 찍고
너는 이 화분이 이뻐서 사진을 찍고
너는
너는
너는
.
.
.

나는 뒤에서 슬며시 카메라를 들고
그런 너의 모습이 이뻐서 사진을 찍고

3부

無 2

밤에 혼자 걷고 울진 않아요

맛도 냄새도 없는 별이
내 머리 위에 없다

어두운 구름이 달을 가리다
슬며시 드러내다 또 감춘다

인연도 그렇다
먹구름처럼 왔다 금방 다시 돌아가는 것

손으로 어두운 구름을
휘저어 어디 숨었니 어디 놀러 갔니

뚫어져라 봐도 뚫어져라 저어도
보고 싶은 사람은 기억 속에서만 물결친다

물결친 파동은 어딘가에 부딪히지 않고
계속해서 굴곡지게 흘러가고

그 물결 사이에 내가 있고 네가 있고 다만

별은 없고 나는 어두워서 너를 찾지 못한다

걸으면서 물결이 되다
반사가 이루어지지 않는

걷고 있는 내가 혹시 나인 건 맞는지
모를 때 하필 이 밤에 별이 없다

어둠 안에서
그림자 하나가 걷는다

어둠 안에서
너일지 모를 그림자가 나를 삼킨다

다시는

사람을 잃었을 때

'다시는'이라는 말을 생각하곤 한다

그래서 그것을

산 사람만이 갇히게 될

비집고 나올 수 없는 감옥이라 부른다

철창 밖에 서성이는

보고 싶어도 다시는 볼 수 없는 사람을

간절히 잡으려다 닿지 않을 때

어쩔 수 없이 주저앉아

닦이지도 연마되지도 않는 눈물을 흘린다

다시는 = 감옥

반복이고 연속이다

미어터지는 가슴속에

해결도 안 되는 그리움을 상대로

장례를 치르고 싶다

이렇게 또 속앓이를 한다

어제도

오늘도

아마 내일도

'다시는'과 너는 알까

감옥에 갇힌 내가

죽은 사람보다 더 힘들다는 것을

나의 수명이 언제까지인지 모른 채 죽기 전까지 너를 더 이상 듣지도 보지도 못하는 인생을 마무리하는 것이 이른 죽음보다 더 사랑할 수 없다

25살에 멈춘 너의 시간보다
더 오래 살고 싶지 않다

사진기가 있지만
사진을 찍지 않는 사람입니다

혼자 살고 있고
혼자 걷고 있어요

가을에 떨어진 낙엽이
아직 겨울에도 보입니다

전소되지 않는 기억을 들고 있어요
고통도 마찬가지고요

하얀 하늘에서 진눈깨비가 내립니다
우산을 펴지 않고 올레길을 걸어요

혼자 살고 있고 혼자 걸어요
처음에는 혼자 걷진 않았어요

같이 걷던 사람이 두고 떠난
사진기를 매일 어깨에 걸치고 걸어요

다만 사진을 찍지 않고
그 사람이 걸었을 때 무엇을 보며 반응했던 것들을

저도 똑같이 반응해 보고
그 사람의 시선이 지나간 곳을 지나가려 합니다

사진기가 있지만 사진을 찍지 않는 사람입니다
걱정 마세요 거추장스럽지도 무겁지도 않아요

살면서 한 번이라도 업어주지 못한 그런 사소함이 주는
후회 때문에 이렇게라도 하는 겁니다

지금도 올레길을 혼자 걸어요
사진기 위로 소복하게 쌓이는 하얀 것들

그걸 모르고 걷고 있는 나도
당신처럼 눈이었다가 녹아서 사라졌으면 해요

신의 외면

골든 타임을 훌쩍 지나서
수술을 했어요

다음 날 의사는
가망 없다고 마음의 준비를 하라고 합니다

며칠간 중환자실 밖에서
기도만 했어요

할 수 있는 게
그것밖에 없었거든요

얼마나 했는진
기억은 안 나요

그러니깐 지금이
낮인지 밤인지조차 모를 정도였을 거예요

하지만 참 야속하게도

불행이 당신보다 먼저 저에게 왔어요

당신이 인간과 악에게
진 순간이기도 해요

동생은 영원히 눈을 감았고
당신은 동생을 외면하고

아무 소용도 쓸모도 없는 기도를
차라리 죽은 아빠에게 했더라면

자기 딸이라고
다시 살려주지 않았을까요?

이제 원망과 증오만 남았는데
앞으로 당신을 어떻게 왜 믿어야 할지 모르겠어요

그래서 당신을 제 삶에서
제외하기로 했어요

신, 당신도 나를 너무 원망하지 마세요
여기까지가 당신과 나의 인연인가 봅니다

운명이라 읽고 회피라고 부른다

가을이다
네가 나한테 전화할 시점
나무에서 은행이 추락한다
벤치에 앉아서
떨어지는 수명의 끝자락을 본다
너는 나에게 전화하지 않는다
알고는 있지만
손에서 휴대폰을 놓지 않고
너는 잘 살고 있겠지
라는 혼잣말만 반복이다
수용할 수 없는 죽음을
운명이라 읽고
스스로를 합리화할 때
나는 회피라고 부른다
죄는 없지만 죄책감이 있고
눈은 없지만 눈물을 흘리는
오전의 가을이다
자리에서 일어나
소복이 쌓인 단풍을

발로 들쳐 보다
간다

달빛 스위치

시인은 밤만 되면
어딘가로 숨는다

거기는
아무도 찾지 않는 곳

유독
그곳이

시가
잘 써진다고 한다

다음 날
아침

나는 그곳이
궁금했다

달빛은

꺼져 있다

시인은
잠에 들었고

문의 틈을
살짝 열고 보았다

시인이 밤마다
숨던 그곳은

작동되지 않는
스위치가 여러 개고

스위치는
달빛 모양

반대로 전부
눌러져 있었다

그날 저녁
시인에게 물었다

방에 있는 스위치들은
무엇이냐고

시인이
말했다

검은 도화지에
홀로 놓여진 고독을 아냐고

능소화

꽃벽에
매달린
능소화
가지들
다가가
냄새를
맡는다

고요한
오전에
멀리서
너라는
내음이
그리움
풍기며

나를
불렀네

없다 그리고

없다는 것은 무엇일까

 보이지 않는 공기이거나 영혼의 속삭임이거나 꿈의 현실이거나 데자뷔의 거짓말이거나 너와의 이별이거나 나와의 이별이거나 먼 우주에서 보이는 과거의 별이거나 태양의 파괴에도 몇 분간 살 수 있는 지구이거나 사람 형태의 소름이거나 어디서 와서 인연이 된 운명이거나 떨어짐의 갈망이거나 이탈한 자의 부활이거나 이탈하지 못한 자의 구원이거나 신의 존재이거나 신의 부존재이거나 끊어진 신경의 기적이거나 너와의 약속이거나 너와의 연락이거나 너와의 대화이거나 너와의 모든 것이거나 지구에서 다시 태어난 공룡이거나 다시 과거의 부름이거나 타임머신이거나 시들어 버린 기억의 심폐소생술이거나 잊어가는 너를 잊지 않으려고 하는 시간이거나 미약한 너와의 추억의 시간으로 인한 훼손이거나 포기한 너이거나 이른 이별이거나 앞으로이제더이상절대로이거나 나에게 자유이거나 나에게 삶이거나 남매이거나 너의 육체이거나 너의 고민이거나 너의 걱정이거나 너의 걱정을 덜어낼 수 있는 나의 힘이거나 꿈에서

나를 찾는 네가 눈을 떴을 때 있길 바라거나 아직 살아
있는 줄 아는 너이거나 왜 죽었는지 모르는 너이거나

  그럼 있다는 것은 무엇일까

  ( )

술

소주 한 잔
마시며

네 생각에
북받친

눈물이
소주잔을

채우려 한다
어느 때는

내가 마시고 있는 술이
술인지 눈물인지

헷갈리기도 하고
저 별이 혹은

눈물에 번진 가로등이

맞는지 슬쩍 고개를

내밀어 보기도 한다
휴지 한 장 뽑고는

눈물을 닦는다
젖은 휴지가 눈과 광대에 쓸려

찢어지고
또 한 장을 뽑아 닦는다

이렇게 또
사랑까지 할 수 없는

이별에 울고
해결도 되지 않는 그리움에

슬퍼한다
소주 한 잔을 비운다

그리고 비워진 잔을
창가에 두고 떠난다

내 잔 옆에
물기 없는 잔이 있다

다시 돌아가 그 잔에
술 한 잔 따르고 돌아간다

한 잔은 비워져 있고
한 잔은 채워져 있다

그렇게 우린 술도 같이
마실 수 없는 사이가 돼버렸다

분명 옆에 있겠지만서도
슬픔을 나눌 수 없기에

조금 더
슬픈 법이다

장마

너라는 비가
내린다

나라는 흙이
맞는다

우린
하나가 되어

넘치게 고이다
흐른다

우리가 슬퍼하지 않던
저 기억 너머 어딘가로

해오라비난초

알람을

설정하지

않았다

낙상자

어디서

낙상자를

발견할 때

구급대원이

아닌

네가

먼저

나를

발견했으면

좋겠다

첫눈

계절이 바뀌는 소리가 들린다
쓰던 시를 잠시 멈추고

베란다로 가선
창문을 연다

새하얀 눈들이
축제를 즐기는 것처럼

잎들과 길 그리고
차 머리 위까지 덮는다

하늘에서 바라보는
아래는 어떨까

그것은 천사가 원했던
놀이터일까

겨울이 왔다

가을이 가고

눈은 여전히 천사들의
마중을 기리기 위한

세상을 덮는 중이다
그 광경을 아래에서

보는 한 시인은
계절이 바뀌는 소리를 듣는다

소리 사이에
천사가 내려온다

인간들에게 들키면 안 되는 일
몰래 어디선가 영혼들과 놀고 있지 않을까

창문 반틈 열어 놓고
돌아가 시를 쓴다

첫눈이 내린다
고개는 어느새 슬그머니

창문을 향해 있고
나는 마냥 눈을 바라보지만

문득 그들이 놀고 있는 어딘가를
나도 모르게 찾고 있지 않을까

편지

 차마 쓸 수 없다 쓰게 된다면 인정하는 일이다 그러나 내가 너를 보내지 않고 있다면 너 또한 답답하고 불안한 자유겠지 하고 싶은 말은 산더미 꽤나 쌓아두고 살아간다 편지로 해결이 된다면 답장을 기다리는 것에 초조함은 생기지 않는다 다만 수신이 없기에 그것을 알기에 외로운 편지가 뜯기지도 못한 채 덩그러니 먼지만 쌓일 걸 알기에 쓸 수가 없다 영혼은 안다 인간만 모르는 현실 내가 준비가 덜 된 이별을 했기에 가슴에 묻는다 시간이 방해를 해도 기억이 흐려져도 구름이 해를 가려도 피하기 바쁜 그냥 네가 어디 먼 나라로 여행하고 있겠지라 생각하다 머리를 쥐어뜯을 만큼 사무치게 그리울 때 그때 편지를 써도 안 늦지 않을까 아직 너를 보내기엔 현실이 야속하게만 느껴진다

美

나비가
접시에서
몸을
씻는다

꽃잎들이
바람에 흔들려
서로 부둥켜안고 있다

소원을 빈다고
자갈들을 쌓는
연인들의 웃음소리가 있다

그런 것들을
바라보며 흐뭇해하는
내가 있다

美는 언제나
관념의 승리에서

편지

 차마 쓸 수 없다 쓰게 된다면 인정하는 일이다 그러나 내가 너를 보내지 않고 있다면 너 또한 답답하고 불안한 자유겠지 하고 싶은 말은 산더미 꽤나 쌓아두고 살아간다 편지로 해결이 된다면 답장을 기다리는 것에 초조함은 생기지 않는다 다만 수신이 없기에 그것을 알기에 외로운 편지가 뜯기지도 못한 채 덩그러니 먼지만 쌓일 걸 알기에 쓸 수가 없다 영혼은 안다 인간만 모르는 현실 내가 준비가 덜 된 이별을 했기에 가슴에 묻는다 시간이 방해를 해도 기억이 흐려져도 구름이 해를 가려도 피하기 바쁜 그냥 네가 어디 먼 나라로 여행하고 있겠지라 생각하다 머리를 쥐어뜯을 만큼 사무치게 그리울 때 그때 편지를 써도 안 늦지 않을까 아직 너를 보내기엔 현실이 야속하게만 느껴진다

美

나비가
접시에서
몸을
씻는다

꽃잎들이
바람에 흔들려
서로 부둥켜안고 있다

소원을 빈다고
자갈들을 쌓는
연인들의 웃음소리가 있다

그런 것들을
바라보며 흐뭇해하는
내가 있다

美는 언제나
관념의 승리에서

나타나더라

눈을 떴다
눈을 감는다

美를
채집하는 일이

나의
기쁨이로구나

고배

고배
창문
탁자
다시
눈물
쓰림
고배
안주
참회
회개
다시
고배
창문
새벽
사진
눈물
수면
불면
세상

나타나더라

눈을 떴다
눈을 감는다

美를
채집하는 일이

나의
기쁨이로구나

고배

고배
창문
탁자
다시
눈물
쓰림
고배
안주
참회
회개
다시
고배
창문
새벽
사진
눈물
수면
불면
세상

멸망
돼라
기원
하다
다시
눈물

비가 오면 문득

정지된 신호등
앞에 서 있다

비는 땅으로
나는 땅 위에서

무념무상
멍 때리기

고인 물에
비친 나의 너는

내가 무슨 생각 하는지
모른다

도통
모를 거다

너는 단지

잔상일 뿐

초록불이다
건너지 않는다

지금 네가
모르는

나를 두고
이탈한 자가

문득 나에게
맺힐 때

잠시만
젖어 있기로 한다

잠시만
잎이 되기로 한다

4부

外

안녕히 - 김영선의 시

선한 그대 마음에
내 자리는 없다는 걸 나는 압니다.

그럼에도 슬프지 않음은
내 그런 바람이 당치않다 스스로 여기기 때문입니다

그래야 주제를 아는 떨어질 때가 된 낙엽처럼
나도 내 그 마음을 곧 놓을 수 있으니까요

분명 혼자 시작했던 일임에도
끝내도 혼자일 줄 알았던 것처럼
자 그럼 이제 이 손은 내가 놓은 것이다 하고
그럼 안녕히, 아니 안녕히도 사치다

그래
저는 갑니다

무정하기까지 - 김영선의 시

누군가 나에게 말해주는 것도 아닌데
나는 쉽게 아프기도 서글프기도 한
어떤 문장들이 문득 떠오르곤 했다

그런 맥락 없이 떠오르는 글로써
어느 날은 마음이 저려 몸져눕기도 하고
잃은 적도 없는 사람을 그리워도 했었다

그러다 이제는 그게 다 무슨 소용인 양
대수롭지 않게 되었을 때에는
지나가는 외로운 문장에 눈길 한번
줄 줄 모르는 무정한 사람이 되어

'아, 이게 무정이구나' 하고
작게 읊조리기나 하며 지나쳐 가더라

엄마의 시

솜털처럼 뽀송한 내 아가

아가의 살 내음에 흠뻑 취해
얼굴이며 손이며 발이며
쉼 없이 비비며
입을 맞추니

아가는
간지러운지 함박웃음 지으며
엄마만이 알아들을 수 있는 옹알이로 연신 말을 하네

아가는
잠자는 모습도 어찌 이리 사랑스러운지
가만히 들여다보고 있자니
가슴 한편이 아려온다
괜스레 눈물도 흐른다

엄마는
잠든 아가의 머리카락 한 올

내쉬는 한 숨까지도
눈 속에 담아
가슴에 되새기고 마음으로 되뇌며
기억 속에 차곡차곡 쌓아놓네

세월이 가고 시간이 흘러
아가에서 이쁜 딸로 자라
엄마처럼 엄마가 되었을 때
나와 같은 마음으로
한없이 행복한 삶을 살아가길 바라며

해설

|

혈육과의 사별은 어디나
추억의 공간이 되고

이향우

정호승 시인이 말하기를 '슬픔이 택배로 왔다'고 했다. 슬픔이 이렇게 배달되어 온다는 것은 삶이 정상이지 않을 것이다. 사랑하는 이와의 이별로 인해 생기는 슬픔은 세상이 무너지는 듯한 아픔이다. 그런데 여기 사랑하는 동생을 저세상으로 먼저 떠나보내야 하는 그런 슬픔의 이야기가 있다. 바로 천홍규 시인이 세상을 갑작스럽게 떠난 동생에 대한 그리움을 표현하여, 슬픔을 택배 상자로 포장하듯 한 권의 시집으로 엮어 세상에 내놓게 되었다. 이 시집 『사랑도 눈물 없는 사랑이 어디 있는가』는 사랑으로 떠나보내야만 했던 동생에 대한 애틋한 그리움을 4부작으로 엮고 있다.

  이 시집은 시인이 목차 말미에 밝히듯 '서로에게 추억이 돼준 하나뿐인 동생에게 이 시집을 바칩니다'라며 그리움에 사무치는 슬픔을 토해내고 있다. 시인의 말에 의하면, '우리 둘의// 맞지 않는// 구석 때문에// 싸우고// 아파해서// 그렇게// 화해 없는// 관계가// 되어버린// 너에게// 미안함// 뿐이다'라며 동생에 대한 그리움을 '미안함'으로 자책하고 있다. 스물다섯의 나이에 세상을 떠난 동생과의 '화해 없는 관계'가 되어버린 것에 대한 통한을 절절히 토설해 내고 있다. 이 작품집『사랑도 눈물 없는 사랑이 어디 있는가』는 시집의 제목처럼 '너'와의 이별이 눈물로 얼룩져 시 하나하나에 담겨 있다.

'꽃'으로 살다가 다시 '꽃'으로 피어난 '너'

  시집에서는 '나'와 '너'의 사랑의 추억을 주로 노래하고 있다. 특히 시인의 눈에 비치는 자연물이 모두 '너'로 느껴지고 그것들이 보이지 않거나 사라졌을 때 극심한 상실감을 갖게 된다. 그래서 화자와 '너'를 동시에 '꽃'으로 묘사하고 흔들리며 버텨내는 모습을 형상화하고 있다. 「나와 꽃」이란 시에서 알 수 있듯이 서로 꽃이 되고, 존재의 이유를 깨치며 위로와 위안을 주면서 사랑을 알아가는 것이다. 이 시집 1부에서 동생이 살아 있을 때의 그리움을 주로 이런 식의 '꽃'으로 동생을 형상화하여 드러내고 있다.

혼자서 흔들리는
그런 꽃이 있다

그 꽃이
아프지는 않을까
슬프지는 않을까

그러나
내가 꽃이 아니기에
꽃의 입장을 모르는 일

하지만
꽃은 꽃만이 아는 법은 아니다

꽃이 나를
나를 꽃이

위태가 위로를

위로가 공생을

저 흔들리는 꽃이

내가 흔들리고 있진 않은지

꽃이 나고

내가 꽃이고

손가락 하나로

꽃을 지탱한다

더 이상 흔들리지 않는 꽃의 모습이

고단한 나에게 숨을 틔워 주는 순간

우린 아마

그런 작은 하나가 필요했겠지

— 「나와 꽃」의 전문

'그런 작은 하나'인 꽃과 같은 존재였는데 언제인가 사랑이 흔들리고 꽃이 상하게 된 것이다. 그것은 바로 동생을 떠나보내야 하는 감정의 표현이 아닐까? 다가왔다가 멀어지는 그런 관계가 되어버린 동생에 대한 모습을 파도 앞에 앉아 있다 바람에 흔들리는 꽃과 같은 존재로 여기고 있다.

    다가왔다
    멀어지는
    파도

    그런 파도 앞에
    앉아 있는

    너

    멀리서
    지켜보다
    끝내
    돌아선다

    우린 언제부터였을까

    작은 바람에도 격하게 흔들리는 꽃이 된 게

                           -「눈물 2」전문

'너'는 파도처럼 밀려왔다가 또 가버리는 관계가 되어버린 '꽃', 그것이 바로 동생의 모습이다. 아마도 이 세상에 가장 아름다운 자연물은 '꽃'처럼 어여쁜 존재는 없을 것이다. 동생이 바로 꽃으로 살다가 꽃으로 다시 피어난 대상이기에 더 이상의 적합한 표현은 없을듯하다. '지금// 오후 4시// 그림자는 벽을 걷다 길 위에 눕고/ 바람에 꽃은 펄럭이고'(「오후」 부분)처럼 사랑하는 대상을 찾아 오후에 그림자를 드리우고 걷다가 바람에 펄럭이는 '꽃'을 만나게 된다. 또 아래의 시처럼 '피지 못한 꽃'으로 형상화되어 있어 있기도 한다.

불이 꺼진 새장 안에

피지 못한 꽃이 눈을 깜빡이고 있다

－「버스 안에서 － 5. 고속버스」 전문

그 '꽃'과 같던 존재를 상실했을 때의 아픔은 말로 다 형언할 길이 없을 것이다. 그런 간절함의 절정에 해당하는 것이 '딱 몇 분만이라도/ 돌아가고 싶은 날'(「2024년 9월 15日 1」 전문)에서 말하는 것처럼 이날 이전으로 되돌리고 싶은 마음이 직설적으로 드러나 있다. 갑작스럽게 동생을 잃은 그날 이전의 행복한 시간으로 되돌리고 싶은 마음을 그 어떻게 다르게 표현할 수 있을까? 그것은 단도직입적으로 말해서 그날 이전이면 다 원상복구되는 것이다. 그렇기에 독자는 이 구절을 읽는 순간 더 슬픔에 잠기게 되고 가슴이 먹먹하게 된다. 그래서 화자는 그런 상태의 순간에 무의식으로 빠져드는 듯한 우울감에 젖기도 한다.

    나는 어디서 태어났을까
    나는 어디서 온 것일까

    걸어도 세계는 희고 희미하고 희박한 희망
    걸어도 집도 없고 목적도 없는 빛 한 점 없는 공간

    아프지도 않고 사계절도 없는
    바람도 불지 않고 이상하게 공기도 없다

    나는 무엇인가
    여긴 어디인가

    눈이 감겨 있다

-「여백」부분

희망도 없고 빛도 없는, 사계절도 없고, 바람도 불지 않고 공기도 없는 아프지도 않은 그런 상태로 눈을 감고 있다. '나는 무엇인가/ 여긴 어디인가'라며 정체성과 방향성을 상실한 의식의 상태에 놓여 있게 된다.

사진 한 장 속에도 수많은 추억이 남고

 사랑하는 사람과 사별하는 일은 엄청난 충격이지만, 그 자체로 머물기보다는 죽음을 넘어서는 또 다른 그리움과 인연을 이어가고자 하는 것이 살아 있는 사람의 몫이다. 생사에 관한 소재, 특히 죽음이 오래전부터 문학에서 널리 사용되고 있는 이유는 그만큼 우리의 삶에서 차지하는 비중이 크기 때문일 것이다. 역설적으로 말하자면 죽음으로 인한 사유로 인해 삶의 깊이가 더욱 심오해지고, 죽음을 넘어 사자(死者)와 인연의 끈을 이어가고자 하는 바람이 강한 것이기 때문이다. 하지만 시인에게 있어 동생을 잃고 사진 한 장을 바라보는 것만으로도 소중하게 느끼고 있다.

 사진 한 장에 너만 없는 그런 허무함은/ 무엇으로 채우나

-「사진 한 장」부분

사진// 한 장 속// 나// 그리고// 너// 같이// 울고// 웃던// 그러나// 안녕// 구름이// 지나간다// 너도// 구름처럼// 스쳐 간다

- 「이별」 부분

같이 찍었던/ 사진이 없다// 너를 잊지 않는 방법이/ 사진뿐인데

- 「기억 3」 전문

나는 뒤에서 슬며시 카메라를 들고/ 그런 너의 모습이 이뻐서 사진을 찍고

- 「2024年 9月 15日 2」 부분

    이처럼 사진 한 장의 소재를 통해서도 시인은 평이하지만 절제된 형식과 감정을 객관적으로 사물과 자연물에 이입하거나 화자의 정서를 비유적으로 잘 형상화하고 있다. 죽음의 상황과 이별의 슬픔을 직접적으로 표현하여 정서를 드러내고 있다. 특히 시 「내가 사랑하는 방식」에서는 시적 대상인 동생을 향해 짝사랑이 아닌 진정한 사랑을 노래하고 있으며, 그것도 육체적으로 마음(정신적)의 갈증만이 아닌, 청각과 촉각으로도 할 수 있다고 말하고 있다. 이를 통해 다음 구절과 같이 사랑의 힘으로

'다리에 힘을 주듯' 새로운 생명력을 가지기도 한다.

> 보이지 않는 저 바람은 차가울까 조용할까
> 펄럭이는 강아지풀과 코스모스
> 알고 보니 살고 싶어 다리에 힘을 주고 있지는 않을까
>
> ─「내가 사랑하는 방식」부분

 단순히 슬픔에 젖어 있기보다는 새로운 극복 의지와 생에 대한 갈구를 드러내고 있기도 하다. 시인은 「그것」이란 시에서는 '잊는다는 것은 무엇일까'라며 그 답을 캐내고 있다. '엄마에게 그 답을 물었다'라며 그 답을 제시하고 있다. '엄마는 스스로를 울렸다고 했다'라며 눈물로 그것을 승화시키고 있다. 김현승의 시 「눈물」을 보면 신(神)인 절대자가 가장 나중에 소중하게 인간에게 준 것은 '눈물'이라고 노래했듯이 화자도 한동안 울고 나면서 대상이 '가장 잊히지 않을 때 잊는 것을 두고 나를 잊기 시작했다'고 고백한다. 즉 화자(시인) 자신을 지배하고 있는 눈물과 슬픔에서 빠져나와 역설적으로 '나' 자신을 잊고자 하고 있다.

시간이 지나도 훼손되지 않는 기억

 이 시집의 2부와 3부는 주로 동생이 세상을 떠났을 때의 시간에서 과거의 동생과의 추억과 소중함을 그리워하고 있다. 그런 시간들이 훼손되지 않는 기억으로 남아있고 가슴속에 고통으로 박제되어 있기도 할 것이다. 아래의 시처럼 동생과 같이했던 시간을 기억하며 지금은 같이할 수 없는 것에 대한 정서를 고통스럽다고 직설적으로 말하고 있다.

>어떤 기억들은
>시간이 지나도
>훼손되지 않는다
>
>고통도
>마찬가지다

-「기억 1」 전문

 그런 상황을 더욱 구체적으로 「기억 2」에서 드러내고 있다. 기억이 추억으로 남아 있었지만 그 과거의 기억을 잊게 된다면 아마도 무섭게 느껴질 것이라며 고통스러워하고 있다. 사람이 사람에게서 잊혀진다는 것이 얼마나 무서운 일인가를 시인은 토로하고 있다.

>우리 둘만 가지고 있던 기억을
>이제 나만 가지게 된다면
>
>그 기억은
>추억이 된다
>
>시간이 지나
>내가 그 기억을 잊게 된다면
>
>그 일들이
>원래 없었던 일처럼
>
>사라질까
>무섭다
>
>― 「기억 2」 전문

그러나 시인은 거기에서 잊혀지기보다는 「꿈 1~5」이란 시들을 통해 그리워하고 꿈에서 만나기도 한다. '우리가 이렇게/ 만날 거라고// 조금이라도 예상했을까'(「꿈 1」전문)라며 그리움의 표현을 '꿈'이란 새로운 공간으로 승화시키고 있다. 고양이까지 '너'를 그리워하며 꿈에서까지 등장시켜 간절함을 표현하고 있는 것이다.

꿈에서 고양이를 찾던 너의 모습을
가만히 서서 보던 기억이 있다

그날 새벽잠에서 깨다
너의 일기장이 놓인 곳을 뜬눈으로 봤다

고양이가 일기장 주변에서
냄새를 연신 맡는 모습을 보고

아
너, 나, 고양이는
서로가 알아줄 수 없는 그리움을 그리워하고 있구나

-「꿈 3」전문

사별로 인한 고통이 새로운 삶의 의지로

그런 간절함을 「삶 1~4」를 통해서 극복하고자 노력하고 있음을 알 수 있다. 눈물과 슬픔을 지나 새로운 사랑으로 다시금 피어나는 것이다. 어느 날 외출하고 지상철을 타고 가다가 밖에서 두 쌍의 나비가 사랑을 노래하며 날아가는 것을 보고 마음 한구석에 쌓였던 먼지가 말끔히 씻겨져 내려가는 것을 느낀다. 그런 생의 희망을 이어가고 동생과의 과거의 사랑을 추억하게 된다.

지상철을 타고
밖을 내다보는 일은

사랑을 시작하는 것만큼
설레는 일이다

방금
밖에서

두 쌍의
나비가

사랑을 노래하며

날아갔다

그

모습에

마음 구석 어느 한편

쌓였던 먼지가

간들거리며

날아간 순간

-「삶 3」전문

  그러면서 끝내는 동생을 향한 그리움이 승화되어 기다림으로 표현되고 만남을 향한 긍정적 기대가 나타나게 된다. 이별 후에 새로운 만남이 있듯이 헤어짐은 반드시 언젠가는 기다림 끝에 희망적인 재회가 있기 마련이다. 회자정리(會者定離) 거자필반(去者必反)이라 했듯이 시인은 혼자가 되어 있었지만 끝내는 동생과의 만남을 추구하고 있다. 서로에 대한 위로와 공생을 느끼며 그리워하고 있다.

우린

혼자가 되었다

괜찮아

곧 만날 거야

잠시

볼 수 없는 것뿐인데

너무

그리워도

너무

보고 싶어도

서로 너무

찾지 말자

너를 만났을 때

해줘야 할 말이 많았으면 좋겠어

너 없는 삶이

눈물로만 이루어진 게 아니었다고

― 「너무」 전문

'눈물'만으로 이승에서 살아가는 것만이 아니라는 것을 통해 새로운 희망을 갖게 되고,「장마」의 시처럼 '우린/ 하나가 되어// 넘치게 고이다/ 흐른다// 우리가 슬퍼하지 않던 /저 기억 너머 어딘가로' 가고자 하는 것이다. 비가 내리는 현실의 모습이지만 언젠가는 다시금 슬퍼하지 않던 상태로 가고 싶은 소망을 지니고 있는 것이다. 또 '계절이 바뀌는 소리에서 천사가 내려오는 마음을 지니게 되고, 눈이 내리는 광경을 보고도 그 속에서 동생을 찾는'「첫눈」에서 축제를 즐기는 듯한 태도를 지니게 된다.

나비가
접시에서
몸을
씻는다

꽃잎들이
바람에 흔들려
서로 부둥켜안고 있다

소원을 빈다고
자갈들을 쌓는
연인들의 웃음소리가 있다

그런 것들을
바라보며 흐뭇해하는
내가 있다

美는 언제나
관념의 승리에서
나타나더라

눈을 떴다
눈을 감는다

美를
채집하는 일이

나의
기쁨이로구나

— 「美」 전문

  끝내는 그런 마음가짐 속에서 새로운 기쁨을 얻게 되고 희망을 찾아 사는 것만이 동생과 새로운 아름다운 추억을 만들어 가는 것이고 기억을 지속적으로 해나가게 되는 원동력이 되는 것이다. 시인은 갑작스러운 동생의 죽음으로 충격에 빠져 있지만, 거기에 머물지 않고 살아남아 있는 자의 인연을 지속적으로 이어가고자 한다. 동생에 대한 그리움의 이면에서 신에 대한 원망과 삶의 의욕을 잃은 실의에 때론 빠져 있었지만, 이 작품집을 통해 새로운 희망과 기쁨을 나누며 현실을 극복해 나가는 것이 동생에 대한 또 하나의 추억을 만들어 가는 것임을 노래하고 있는 것이다. 그래서 위의 시가 이 작품의 에필로그가 될듯하다.

사랑도 눈물 없는 사랑이
　　어디 있는가

초판 1쇄 발행 2025. 1. 15.

지은이　천홍규
펴낸이　김병호
펴낸곳　주식회사 바른북스

편집진행　이지나
디자인　이강선

등록 2019년 4월 3일 제2019-000040호
주소 서울시 성동구 연무장5길 9-16, 301호 (성수동2가, 블루스톤타워)
대표전화 070-7857-9719 | **경영지원** 02-3409-9719 | **팩스** 070-7610-9820

•바른북스는 여러분의 다양한 아이디어와 원고 투고를 설레는 마음으로 기다리고 있습니다.
이메일 barunbooks21@naver.com | **원고투고** barunbooks21@naver.com
홈페이지 www.barunbooks.com | **공식 블로그** blog.naver.com/barunbooks7
공식 포스트 post.naver.com/barunbooks7 | **페이스북** facebook.com/barunbooks7

ⓒ 천홍규, 2025
ISBN 979-11-7263-935-8 03810

•파본이나 잘못된 책은 구입하신 곳에서 교환해드립니다.
•이 책은 저작권법에 따라 보호를 받는 저작물이므로 무단전재 및 복제를 금지하며,
이 책 내용의 전부 및 일부를 이용하려면 반드시 저작권자와 도서출판 바른북스의 서면동의를 받아야 합니다.